Hans-Jürgen von Bose

Die Leiden des jungen Werthers

Lyrische Szenen
in zwei Teilen und einem Intermezzo
nach Johann Wolfgang von Goethe

(1983/84)

Textbuch

von Filippo Sanjust und Hans-Jürgen von Bose

SCHOTT

Mainz · London · New York · Tokyo

BN 3110-00

Printed in Germany · BSS 46032

ISBN 3-7957-3110-0

Personen

Werther	jugendlicher, hoher Bariton
Lotte . . . . *Leonore*	Mezzosopran
Albert . . . . *3. Schreiber*	Bariton
Bauernbursche . . . . *Junger Mann* *1. Schreiber*	Tenor
Medikus . . . . *Ein Bürger*	Baß
Amtmann . . . . *4. Schreiber*	Baßbariton
Lisa . . . . *Dame der Gesellschaft* *Bürgerin*	Sopran
Lena . . . . *Dame der Gesellschaft* *Bürgerin*	Mezzosopran
Ältere Dame . . . . *Dame der Gesellschaft* *Die Witwe* *Heinrichs Mutter* *Bürgerin*	Alt
Junger Herr . . . . *Eine Stimme hinter der Bühne* *Ein Diener* *Herr der Gesellschaft* *Bürger*	Tenor
Gesandter	Tenor (älterer Operetten-Buffo)
Junger Pedant . . . . *2. Schreiber* *Tenor der Tonbandaufnahme* *Heinrich* *Bürger*	hoher Charaktertenor

Pfarrer	Baß
Herr der Gesellschaft	
Bürger	
Madrigalquintett	Sopran
	Mezzosopran
	Alt
	Tenor
	Baß
4–6 Kinderstimmen	
Fräulein von B.	stumme Rolle
Der Sänger der Arie	stumme Rolle
Der Bruder der Witwe	
Diener	
Ballgäste, Bürgerinnen, Bürger	stumme Rollen

I. TEIL

1. Szene

Die Bühne ist noch dunkel.

Werthers Stimme: (von hinter der Bühne)
Wie froh bin ich, daß ich weg bin!

Quintett: Daß das Leben des Menschen nur ein Traum sei…

Licht auf der Seitenbühne.

Leonore: (kniend, sich an einen imaginären Werther wendend)
Werther!

Werthers Stimme: Die arme Leonore!

Leonore: Ach Werther! Wir werden uns nie wieder sehn!

Werther: (auf der Seitenbühne auftretend)
Konnt ich dafür, daß in dem armen Herzen eine Leidenschaft sich bildete?
Wie froh bin ich, daß ich weg bin!
(während das Licht langsam wieder erlischt)
Wie froh bin ich, nun hier zu sein!

Verwandlung

Ein Landschaftsbild. Im Mittelgrund Werther, ganz im Hintergrund die im Folgenden von Werther genannten und kommentierten Personen, die, wenn sie von Werther erwähnt werden, jeweils aus dem Schatten und in den Vordergrund treten.

Quintett: O wunderbare Heiterkeit…

Werther: Ich habe allerlei Bekanntschaft gemacht. Ein junger Bauernbursche, liebend in reiner Neigung und Treue…
(Der Bauernbursche tritt hervor; während Werther fortfährt, gesellt sich ihm der Medikus bei.)
Auch einige verzerrte Originale sind mir in den Weg gelaufen…

Medikus: (zum Bauernburschen)
Junger Mensch! Lieben ist menschlich, nur müßt Ihr menschlich lieben! Teilet Euch ein, seid maßvoll, bedenket ... je nun, sollte man nicht? ... *Vernunft!* ... darf nicht ...!

Quintett: ... die meine ganze Seele eingenommen hat ...

Werther: Endlich der fürstliche Amtmann, ein braver Mann ...
(Der Amtmann erscheint.)
... man macht viel Wesens von seiner Tochter Lotte!
(Lotte erscheint neben ihrem Vater wie ein Schattenriß.)

2. Szene

Werther, Lisa, Lena und ein junger Mann sitzen in einer fahrenden Kutsche.

Lena: Wie freu ich mich! Tanzen! Wie wundervoll ist so ein Ball!

Lisa: (zu Werther)
Heute abend werden Sie ein schönes Frauenzimmer kennenlernen!

Lena: Ein schönes Mädchen! Nehmen Sie sich in acht!

Werther: Wieso?

Lena und Lisa: Nehmen Sie sich in acht! Sie dürfen sich nicht verlieben!

Werther: Warum nicht?

Lena und Lisa: Sie ist...

Während der Szene hat sich ein herannahendes Gewitter immer stärker bemerkbar gemacht; jetzt hat ein plötzlicher Donner Lisa und Lena unterbrochen.

Lisa: Es donnert! Sehen Sie die dunklen Wolken! Ich fürchte mich!

Werther: Warum darf ich nicht?

Lena: Sie ist schon vergeben...

Junger Pedant: (zu Lisa)
Es gibt keinen Grund
zu erschrecken,
ein Gewitter ist ein
magnetisches Phänomen.
Die Wissenschaft hat
das längst alles erklärt.

Werther: (nachdenklich)
...schon vergeben...

Lisa: Aber ich fürchte mich...

3. Szene

Ball in einem kleinen Dorfgasthof. Musikanten spielen auf, allgemeiner Tanz. Von draußen grollt immer wieder das Gewitter herein. Werther steht etwas abseits und beobachtet Lotte.
Nach einer Zeit ist es plötzlich, als wäre Werther mit Lotte allein auf der Bühne. Die übrige Gesellschaft wird zu Schatten und erstarrt.

Werther: Wie schön ist Lotte, wie ruht meine ganze Seele auf ihrer Gestalt!
(Es kommt wieder Leben in die Szene. Werther zu Lotte)
Darf ich Sie um den zweiten Tanz bitten?

Lotte: Um den dritten! Ich tanze so gerne deutsch, aber...
(Lisa und Lena tauchen plötzlich aus der Menge auf.)

Lisa und Lena: Haben Sie schon von Albert Nachricht bekommen?
(Der allgemeine Lärm wird plötzlich stärker. Lotte antwortet etwas, aber man versteht sie nicht.)

Werther: (zu Lotte)
Wollen wir tanzen?
Ich schwöre, daß ein Mädchen, das ich liebe, nie mit einem andren walzen sollte, als mit mir.

Quintett: Tanzen muß man sie sehen! Sie ist so sorglos, so unbefangen, so schön!
(Plötzlicher Gewitterausbruch, dann wieder reale Ballszene.)

Werther: Ich schwöre, daß ein
Mädchen, das ich liebe,
nie mit einem andren
walzen sollte, als mit mir.

Lotte: Wenn diese Leidenschaft
zum Tanz ein Fehler ist,
gesteh ich Ihnen gern...

(Eine ältere Dame nähert sich dem Paar und erhebt scherzhaft drohend den Zeigefinger.)

Ältere Dame: Albert! Albert! Albert!

(Sehr starker Ausbruch des Gewitters. Alles ruft durcheinander.)

Lisa, Lena, junger Mann: Das Gewitter! das Gewitter! das Gewitter ist da!

Junger Pedant: Es ist nur ein magnetisches...

Junger Herr: Sie brauchen nicht zu erschrecken!

Werther: Wer ist Albert?

Junger Mann: Mamsell!

(Wieder ein Gewitterausbruch.)

Lotte: Was soll ich's Ihnen leugnen: Albert ist ein braver Mann, dem ich so gut als verlobt bin.

Junger Pedant: ... Phänomen ... die Wissenschaft ...

Junger Mann: Befürchten Sie nichts, ich bin hier!

(Plötzlich ist es, als sei Werther inmitten des ganzen Lärms ganz allein auf der Bühne.)

Werther: Sind das Phantome, wenn es uns wohl ist?

(Im nächsten Moment ist die Realität wieder hergestellt. Lotte schart die Gäste zu einem Spiel um sich.)

Lotte: Wir spielen! Spielen Zählen! Nun gebt acht! Ich geh im Kreis herum, und so zählt ihr auch rings herum, jeder die Zahl, die an ihn kommt. Wer stockt oder sich irrt, kriegt eine Ohrfeige.

(Das Spiel nimmt unter Geschrei und Gelächter seinen Lauf. Werther irrt sich absichtlich, bekommt eine Ohrfeige und bleibt wie versteinert stehen.)

Werther: Ich kann nicht sagen, wie vollkommen sie ist; sie hat allen meinen Sinn gefangengenommen. Ich liebe!

(Licht aus. Orchesterzwischenspiel. Wenn es langsam wieder hell wird, sieht man Lotte und Werther alleine, alle Gäste sind nach Hause gegangen, in Betrachtung des Sonnenaufgangs.)

Darf ich Sie noch am heutigen Tage wiedersehen?

Schnelle Verwandlung

Sie gestand mir's zu!

(Wenn das Licht wieder angeht, sieht man Werther draußen in der Natur. Stimmung wie ein heller Sommertag.)

Ich lebe so glückliche Tage! Lotte, Lotte! Die ganze Welt verliert sich um mich her!

Jetzt fühlt der Engel, was ich fühle,
Ihr Herz gewann ich mir beim Spiele
Und sie ist nun von Herzen mein.
Du gabst mir, Schicksal, diese Freude,
Nun laß auch morgen sein wie heute
Und lehr mich ihrer würdig sein.

(Johann Wolfgang von Goethe)

4. Szene

In des Amtmanns Hause. Werther spielt mit den Kindern, den Geschwistern Lottens, die einen Kinderreim singen, und ihn und sich dabei gegenseitig necken und ärgern. Der Medikus steht – die eher wilde Szene ungnädig beobachtend – abseits.

Kinder: Sitzt ein Englein an der Wand
hat ein Gackei in der Hand,
möcht es gerne essen,
hat es aber kein Messer.
Fällt ein Messer vom Himmel 'rab
schneid' dem Engel es Köpfle ab.
Die Magd springt zum Balbierer,
dort ist kein Mensch zuhaus.
Die Katz' die fegt die Stube aus,
die Ratz' die schaut zum Fenster raus
und der Gicker auf dem Dach
hat sich halb zu Tod gelacht.

Medikus: Des Amtmanns Kinder sind so schon ungezogen genug, der junge Herr Werther wird sie nun vollends verderben.

(Ein Kind wird während des wilden Spiels umgestoßen; Lotte eilt aus einem anderen Zimmer – aufgestört durch den Lärm – herbei, es zu trösten. Werther beobachtet die Szene fast eifersüchtig.)

Werther: Was man ein Kind ist,
was man nach so einem
Blicke geizt!
O, was ich ein Kind bin!

Medikus: Man soll die Kinder nicht verziehen, sondern formen, bilden! Sie sind so schon verzogen genug!

5. Szene

Im Nußbaumgarten. Der Pfarrer zeigt Lotte und Werther den alten Baumbestand.

Pfarrer: (auf einen Baum deutend)
Den alten, wissen wir nicht, wer den gepflanzt hat; der jüngere aber, dort hinten, ist so alt als meine Frau. Ihr Vater pflanzte ihn des Morgens, als sie gegen abend geboren wurde.

Werther: ... daß das Leben ein Traum sei, zieht immer mit mir herum.

6. Szene

Werther alleine in einem Zimmer, mit einem Brief Lottens in Händen.

Werther: Ja, liebe Lotte, ich will alles besorgen und bestellen; geben Sie mir nur mehr Aufträge, nur recht oft. Um eines bitte ich Sie: keinen Sand mehr auf die Zettelchen, die Sie mir schreiben. Heute führte ich es schnell nach der Lippe, und die Zähne knisterten mir.

7. Szene

Wieder beim Amtmann zu Hause. Lotte sitzt inmitten der Kinderschar, ein Märchen vorlesend. Werther hört auch zu.

Lotte: Es war einmal ein Berg in der Mitte des Meeres. Man nannte ihn den Magnetenberg. Alle Schiffe, die ihm zu nahe kamen, wurden auf einmal allen Eisenwerks beraubt, die Nägel flogen dem Berge zu, sie flogen und flogen, und die armen elenden Menschen scheiterten zwischen den übereinanderstürzenden Brettern.

Werther: Noch nie war ich glücklicher!
(Zwischen Werther und Lotte erscheint plötzlich eine neue Figur, zunächst nur wie ein Schatten.)

Stimme hinter der Bühne: Albert ist angekommen!
(Albert ist jetzt im Bühnenhintergrund zunächst allein, während Werther nach wie vor im Vordergrund steht.)

Werther: Ein braver, lieber Mann, dem man gut sein muß.
Glücklicherweise war ich nicht beim Empfange...
(Lotte gesellt sich zu Albert.)
...das hätte mir das Herz zerrissen!

Quintett: Der Bräutigam ist da! Der Bräutigam ist da!

Werther: Auch ist er so ehrlich, und hat Lotten in meiner Gegenwart noch nicht ein einzigmal geküßt.
(Die Beleuchtung ändert sich, wird irreal. Albert und Lotte küssen sich immer leidenschaftlicher. Das Bild wird fast obszön. Um das sich küssende Paar herum tauchen die Kinder und allmählich alle beteiligten Figuren auf, lächelnd und applaudierend. Werther versucht, sich gewaltsam abzuwenden.)

Werther: Er hat sie noch nicht ein einzigmal geküßt!

Alle anderen Figuren: (frei, sich steigernd durcheinander gesprochen)
Er hat sie noch nicht ein einzigmal geküßt!

Werther: (schreiend)
Er hat sie nie geküßt!
(Licht aus. Zwischenspiel.)

8. Szene

Werther, Lotte und Albert auf einem Spaziergang. Werther spielt den Clown und pflückt dabei Blumen.

Werther: (vor sich hin)
Ja, Albert will mir wohl.
Ich vermute, das ist Lottes Werk...
(Werther ist etwas hinter den beiden Arm-in-Arm-Laufenden zurückgeblieben, um seinen Strauß zu vollenden. Als er ihn Lotte überreichen will, sind die beiden schon zu weit und zu sehr mit sich selbst beschäftigt, um Werthers Angebot zu bemerken. Er bleibt stehen und zerstört den Strauß.)

9. Szene

In einem Zimmer beim Amtmann. Lotte am Clavichord, Albert putzt seinen Waffenschrank. Lotte probiert ein Lied.

Lotte: Ich leb ohne Ruh im Hertzen
von der Zeit
da zwey schöner Augen Kertzen
mich versetzt in Traurigkeit.
(Assmann von Abschatz)

(Werther richtet zum Scherz eine Pistole gegen seine Schläfe. Albert und Lotte sind erschrocken über Werthers Spiel mit der Pistole.)

Lotte: Pfui!

Albert: Was soll das?

Werther: Sie ist nicht geladen.

Lotte: Um Gottes Willen!
Sie sind fürchterlich,
wenn Sie so lustig sind!

Albert: Und auch so, was soll's?
Wie kann ein Mensch so
töricht sein, sich zu erschießen!
Der bloße Gedanke erregt mir
Widerwillen!

Lotte: (beginnt zu singen)
Ich leb ohne Ruh im Hertzen
von der Zeit
da zwey schöner Augen Kertzen
mich versetzt in Traurigkeit
von der Zeit
leb ich stets in Schmertzen
habe keine Ruh im Hertzen.

Werther:
Was will das alles
heißen? Kennt Er
das Innere eines
Menschen so gut?
Wer weiß, warum
etwas geschah,
warum etwas
geschehen mußte?

Albert:
Gewisse Handlun-
gen bleiben laster-
haft, sie mögen
geschehen, aus
welchen Gründen
sie wollen.

Albert: Ein Mensch, den seine Leidenschaften hinreißen, der alle Besinnungskraft verliert, wird als ein Wahnsinniger angesehen, ein Trunkener.

Werther: Ach, ihr vernünftigen Leute! Leidenschaft! Trunkenheit! Wahnsinn! Was ist euch das?

Lotte:
Keine Lust war mir zu Nütze
von der Zeit
da der kleine Venus-Schütze
Seel und Hertze mir bestreit
von der Zeit
leb ich stets in Schmertzen
fühle keine Ruh im Hertzen.

Werther:
Ihr steht so
gelassen, so ohne
Teilnehmung da,
ihr sittlichen
Menschen!
Scheltet
den Trinker,
verabscheut
den Unsinnigen,
geht vorbei wie
der Priester,
und dankt Gott
wie der Pharisäer.

Albert:
Das sind nun wieder deine Grillen!
Du überspannst
alles. Hier hast
du gewiß Unrecht,
daß du den Selbstmord verteidigst.
Es ist allemal
leichter zu sterben,
als ein qualvolles
Leben standhaft zu
ertragen.

Werther: (ausbrechend)
Mein Freund! Der Mensch ist Mensch! Verstand kommt wenig in Anschlag, wenn Leidenschaft wütet...!

Albert: Paradox! Sehr paradox!
(Werther und Albert ist die Heftigkeit der Auseinandersetzung plötzlich peinlich.)

Werther: Es ist spät geworden, vielleicht ein andermal mehr davon...
Gute Nacht!

Albert: (freundlich)
Gute Nacht!

Werther: (zu Lotte)
Gute Nacht!

Lotte: Gute Nacht! Sie kommen doch morgen?

10. Szene

Werther zunächst alleine in einer Art Alptraumszene. Gänge durch eine feindliche Natur, Seelenlandschaft. Später die Erscheinung Lottens und Verwandlung.

Werther:
Das volle Gefühl
an der lebendigen
Natur wird mir
jetzt zu einem
quälenden Geist.
Ich habe kein
Gefühl mehr...
Alles ekelt mich an!
Wenn wir uns selbst
fehlen, so fehlt uns
doch alles!
Unglücklicher!
Bist du nicht ein Tor?
Betrügst du dich
nicht selbst?
Was soll diese endlose,
tobende Leidenschaft?

Quintett:
Ich will den nagenden Beschwerden
ein Ende machen, will zur Quelle werden.
Tief unterm Herzen diese Qual,
ach Gott, verweint ich sie einmal!

(Plötzliche Erscheinung Lottens. Sie ist bei Werther, tröstet ihn.)

Lotte:
Werther...!
(Lotte verschwindet immer mehr im Hintergrund, Werther kann sie nicht erreichen, er erwacht aus einem Traum.)

Quintett:
Vielleicht, vielleicht versäh' sie sich,
O selger Quell! und nähme mich für dich!
(Jakob M. R. Lenz)

Verwandlung

In Werthers Zimmer. Ein Diener überbringt ihm ein Päckchen.

Diener: Dies soll ich für den jungen Herrn Werther abgeben.

Lottes und Alberts Stimmen: Dem lieben Werther zum Geburtstag, innigst von Lotte und Albert!

Werther: (in plötzlicher Erkenntnis seiner Lage)
Ich muß fort!

Zwischenspiel

Bei dunkler Bühne kommen die Stimmen der Personen wie von überall her.

Werther: (immer wiederholt)
Ich muß fort!

Quintett: Ich muß fort!

Lisa und Lena: Nehmen Sie sich in acht!

Dame: Albert!

Lotte und Albert: ...dem lieben Werther...

Quintett: ...innigst...

Werther: (geschrien)
Ich muß fort! Ich muß fort! Ach Gott ... fort!
Ach, ich muß fort...

11. Szene

Lotte, Albert und Werther sitzen nachts vor dem Haus, den Sternenhimmel betrachtend.

Lotte: Manchmal muß ich an meine Verstorbenen denken, an Tod, an Zukunft... Wir werden sein!

Albert: Gewiß, wir werden sein.

Lotte: Werther, sollen wir uns wiederfinden? Was ahnen Sie? Was sagen Sie?

Werther: Wir werden uns wiedersehen, hier und dort wiedersehen!

Albert: Gewiß, gewiß ... ich bitte Sie, liebe Lotte, all dies greift Sie zu stark an!

Lotte und Werther:
Warum gabst du uns die tiefen Blicke
Unsre Zukunft ahnungsvoll zu schaun,
Unsrer Liebe, unsrem Erdenglücke
Wähnend selig nimmer hinzutraun?
Warum gabst uns, Schicksal, die Gefühle,
Uns einander in das Herz zu sehn,
Um durch all die seltenen Gewühle
Unser wahr Verhältnis auszuspähn?
(J. W. v. Goethe)

Albert:
Ich bitte Sie...
Ich bitte Sie,
Liebste!
Ihre Seele hängt
sehr nach diesen
Sachen,
aber ... aber ...
ich bitte Sie ...
es greift Sie zu
stark an ...

Albert: Wir wollen fort, es wird Zeit.

Werther: Wir werden uns wiedersehen, wir werden uns finden, unter allen Gestalten werden wir uns erkennen.

Albert: Gute Nacht, Werther.

Werther: Ich gehe, willig, und doch, wenn ich sagen müßte: auf ewig, ich ertrüge es nicht!
Leb wohl, Lotte, leb wohl, Albert.

Lotte: Bis morgen, denk' ich...
(Lotte geht langsam an Alberts Arm ab.)

Werther: ...morgen? morgen? ... lebt wohl! Lebt wohl...

INTERMEZZO

Vorspiel

Winterstimmung.

Quintett: Daß das Leben des Menschen nur ein Traum sei . . .

Werthers Stimme: (gegen Ende des Vorspiels)
Gestern sind wir endlich hier angelangt. Der Gesandte macht mir viel Verdruß, der pedantische Narr!
Einige Zeit werde ich hier wohl bleiben müssen...

1. Szene

Büroraum. Schreibpulte, Aktenschränke, Büro-Utensilien. Schreiber führen eine skurrile Art fleißiger Bürokraten-Choreographie auf, während Werther sinnierend an seinem Pult steht. Das Ganze hat etwas grotesk-künstlich-Operettenhaftes.

Gesandter: Der Aufsatz ist recht gut,
aber sehn Sie ihn noch einmal durch!
Ein bess'res Wort, nur Mut,
ein neues Attribut,
man findet's immer, absolut,
man findet es, nur Mut!
Eine reinere Partikel,
welch köstliches Vehikel,
ein bessres Wort, nur Mut!
Man findet's, absolut!
(zu den Schreibern)
Zum Arbeiten viel Leichtigkeit,
die hat er ganz gewiß.

Schreiber: Viel Leichtigkeit, viel Leichtigkeit,
die hat er ganz gewiß.

Gesandter: 'ne gute Feder führt er.

Schreiber: O ja, das hat man schon gespürt!

Gesandter: Und elegant parliert er.

Schreiber: Die Mademoiselles sind ganz gerührt!

Gesandter: Jedoch an Gründlichkeit,

Schreiber: Jedoch an Gründlichkeit,

Gesandter: da fehlt es ihm,

Schreiber: da fehlt es ihm.

Gesandter: wie allen Belletristen!
Jedoch an Gründlichkeit,

Schreiber: Jedoch an Gründlichkeit,

Gesandter: da fehlt es ihm,

Schreiber: da fehlt es ihm,

Gesandter: wie allen Belletristen,

Schreiber: da fehlt es ihm,

Gesandter: da fehlt es ihm, wie allen Belletristen!

Ein Schreiber: Bell - e - tris - te! Das heißt schön und traurig!

Alle Schreiber: Bell - e - tris - te! Das heißt schön und trist!

Gesandter (nach und nach alle): Ein bess'res Wort
sucht immerfort
an jedem Ort
Herr Belletrist
so schön und trist,
Herr Idealist,
seid ein Artist,
Avantgardist,
so schön und trist,
Herr Belletrist,
ha ha ha ha
ha ha ha ha!
(trocken gesprochen)
Ein besseres Wort, eine reinere Partikel: man kann sie immer finden!

2. Szene

Werther allein unter dem Dach einer Hütte. Winterlandschaft. Er liest einen Brief.

Werther: Gott segne euch, meine Lieben, gebe euch alle die guten Tage, die er mir abzieht! Ich wartete auf Nachricht, wann euer Hochzeitstag sein würde. Nun seid ihr ein Paar. Leb' wohl, Lotte.

3. Szene

Am Provinzhofe. Es ist eine Abendgesellschaft. Ein Sänger singt auf einer kleinen Nebenbühne. Man hört immer wieder undeutlich Fragmente einer italienischen Arie.

Sänger:
Tu vuoi saper s'io vado
Tu vuoi saper s'io resto
Sappi ben mio che questo
Non lo saprai da me.

Quante per te versai
Di lagrime e sospiri
Perche, perche non giri
I crudi lumi a me?

Damen und Herren der Gesellschaft:
(durcheinander)
Wunderbar! O wie wunderbar!
Was Sie sagen! So hätt ich ihm gesagt, was ich denke!
Die schreckliche Erfahrung! Völlig erschüttert,
doch unbeschädigt.
Das ist sie eben nicht! Sie ist nur eine Närrin!
Hochwürdige Excellenz! Verehrter, geliebter Freund!
Wie prächtig!
...daß ich *Sie* wiedersehe!
Quel ravissement!
Wir haben lange genug gewartet!
Und dann? Und dann? Und dann?
...eine gewisse Sensibilität...!
Ja, mit Ihnen allein hat man das Ge-...

(Die Gäste sind nach Rang und Stand im Raum verteilt. Werther befindet sich unter seinen Amtskollegen. Fräulein von B. promeniert nahe vorbei. Werther, ganz in Gedanken versunken, bemerkt sie und starrt sie an.)

Werther:
Lotte? Wie sehr gleicht dies Fräulein Lotten...

(Die ihn umgebenden Hofschranzen haben diesen kleinen Vorfall bemerkt, es kommt Leben in die Gruppe.)

Damen und Herren der Gesellschaft:
Wer ist das? Wer ist das?
Monsieur l'Ambassadeur?
Ist das denn Ihr Cousin,
der junge Graf von O.?

Gesandter:
Von O.? Mais non!
Vous vous trompez, mes chers!
Er kommt aus der Provinz,
's ist nur ein Sekretär.

Damen und Herren der Gesellschaft: Mais quelle erreur, mon Dieu!
Gewiß, mais c'est bien clair,
er kommt aus der Provinz,
ist nur ein Sekretär.

(Werther macht einen Schritt in die andere Hälfte des Raumes, auf das Fräulein von B. zu. Seine Amtskollegen beobachten ihn mißgünstig.)

Schreiber: Was tun Sie da? So bleiben Sie doch hier!
Unser Platz ist hier. Wir dürfen nicht hinein!

(Werther trennt sich endgültig von seinen Amtskollegen und betritt den anderen Teil des Raumes, in dem Fräulein von B. sitzt. Er verbeugt sich vor ihr und der anderen Gesellschaft. Allgemeines Befremden.)

Werther: Guten Abend, Mademoiselle!

(Fräulein von B. sieht verlegen aus. Die Damen und Herren der Gesellschaft beginnen zu tuscheln.)

Werther: (in einem gewissen künstlichen Tonfall)
Wie hatte ich gehofft, Sie hier zu finden! Nur Ihretwegen erdulde ich diese noble Gesellschaft, nur um Ihretwillen kann ich das ertragen!

Schreiber: Was macht er nur?
Was denkt er sich?
... darf er nicht!
Sein Platz ist hier bei uns!

(Mittlerweile gepeinigtes Lächeln von Fräulein von B. Werther bemerkt die allgemein feindselige Reaktion und fährt mit beabsichtigter Herausforderung fort.)

Werther: Sehen Sie nur! Da sitzt die übergnädige Dame von S. mit ihrem Herrn Gemahle und wohlausgebrütetem Gänslein Tochter!

(Fräulein von B. hält verzweifelt einen Finger vor den Mund und zischt etwas.)

Teil der Damen und Herren der Gesellschaft: Dreimal sind wir verwandt mit ihr:
erst durch die Rastignacs,
dann durch die Bergeracs,
nicht durch die Gasparoni?
Nein, durch die Gay-Lussacs!

Werther: Der Baron F., der Hofrat R., hier aber in qualitate Herr *von* R. genannt, mit seiner tauben Frau!

(Die Damen und Herren der Gesellschaft reagieren schon die ganze Zeit mit indigniertem Getuschel auf Werthers Provokationen.)

Damen und Herren der Gesellschaft: Und damit glaubt er, sich zu distinguieren...
Er macht sich lustig über uns, er will sich nur moquieren...
Solch gräßliches Benehmen, das kann ich nicht goutieren...
Die freche Formenlosigkeit kann man nur maisprisieren...
In Rom, da würde man den Kerl ganz einfach bastonieren...

(Werther steht langsam auf, während Fräulein von B. anfängt, zu schluchzen. Der Gesandte erhebt sich ebenfalls und winkt Werther zu sich.)

Gesandter: (mit einer gewissen gefaßten Hysterie)
Monsieur Werther...

II. TEIL

1. Szene

Werther vor Lottes Haus. Er ist zurückgekommen. Es ist früher Abend.

Werther: Wie froh bin ich, wieder hier zu sein!
Ja, wohl bin ich nur ein Wanderer auf der Erde...
Seid ihr denn mehr?
Ich will nur ihr näher sein, das ist alles; und ich lache über mein Herz und tu ihm seinen Willen.

(Werther zieht die Glocke, wartet. Nach langer Zeit öffnet eine ganz veränderte Lotte in Trauerkleidung die Tür. Die Atmosphäre ist sehr seltsam und gedrückt. Hinter Lotte tauchen ihre Geschwister auf, ebenfalls stumm und verschüchtert, während Lotte nun Werther mit einem traurigen Lächeln begrüßt.)

Lotte: Lieber Werther ... wie schön ... Sie sind zurück ... wie schön ...

Werther: Wo ist Albert?

(Alles blickt traurig und betreten.)

Lotte: Albert ... Albert ist tot.

(Werther ist zunächst unter dem Ansturm widerstreitender Gefühle völlig benommen. Er fängt an zu lachen, sein Lachen wird immer unbeherrschter und bricht plötzlich ab, weil hinter Lotte Albert erschienen ist und ihr seinen Arm um die Schultern legt. Werther hat geträumt.)

Werther: Sie wäre mit mir glücklicher geworden...

2. Szene

Beim Amtmann zuhause. Die gute Stube. Fast eine idyllische Familienszene. Der Amtmann, die Kinder, Lotte und Albert sind angeregt beisammen. Man unterhält sich, die Kinder spielen, jedoch alles völlig geräuschlos, wie in einem Stummfilm, während Werther, vorne an der Bühnenrampe stehend, das ganze beobachtet.

Werther: Ich ihr Mann? O Gott! hättest Du mir diese Seligkeit bereitet, mein ganzes Leben sollte ein einziges Gebet sein. Sie - meine Frau! Wie glücklich wäre sie mit mir geworden, wie glücklich! Nein, es ist gut ... es ist alles gut ...

Quintett: ... daß das Leben nur ein Traum sei ...

3. Szene

Der Nußbaumgarten des ersten Teils. Es ist Herbst. Überall liegen abgeschlagene Bäume, und die Pfarrersfamilie ist gerade dabei, das Haus zu verlassen. Werther trifft hier den Bauernburschen wieder.

Bauernbursche:
Ach Herrr! Schlimm ist
es mir ergangen!
Durch meine übergroße
Liebe hab ich mein
Lieb' beleidigt...
Ihr Bruder hieß mich
gehn, jagt' mich davon!
Ein neuer Knecht ist da,
es heißt, sie sei ihm
zugetan..., will ihn...
will... Das werd ich
nicht erleben! Nein,
das nicht, das nicht...

Quintett:
Wie die Natur zum Herbst
sich neigt, so wird es
Herbst in mir und um
mich her...

Werther und Bauernbursche:
Ein Bild von Meisterhand
hat mir den Sinn gebannt.
Seit ich das Holde sah
ist's fern und ewig nah
mir anverwandt.

Ist alles öd und hin
bange mein Herz und Sinn
weiß nicht wohin.
(Karoline von Günderode)

4. Szene

Lotte hat Besuch von Lisa und Lena. Man klatscht und kichert. Werther steht wieder abseits, das Ganze beobachtend. Die Situation hat etwas Irreales.

Werther: Was bist du in diesem Hause?
Man ehrt dich...
liebt dich...?
und ... wenn du nun gingest? Wenn du nun gleich gingest?
Sie fühlten die Lücke!
Sie fühlten die Lücke...
Sie fühlten...?
Wie lange fühlten sie die Lücke?

5. Szene

Aufruhr auf der Straße. Der Bauernbursche, der seine gewesene Geliebte mit deren Bruder getroffen und auf diesen eingeschlagen hat, wird von einigen Bürgern, die dabeistehen und die Szene beobachtet haben, festgehalten. Die Witwe steht machtlos und verzweifelt dabei.

Bauernbursche: Mörder! Mörder! Du hast mich fortgejagt, von ihr fortgejagt! Du hast mich ermordet!

Witwe: Großer Gott! Was tat ich? Was hab ich denn getan, daß mir dies geschieht?
(Der Bauernbursche wird losgelassen und fällt zu Boden.)

Bauernbursche: Mörder! Du hast mich ermordet! Mörder! Mörder!

6. Szene

Die Bühne ist noch dunkel. Man hört zunächst nur Werthers Stimme.

Werthers Stimme: Ich habe so viel und die Empfindung an ihr verschlingt alles,
ich habe so viel und ohne sie wird mir alles zu nichts.
(Licht an. Werther kniet vor seiner imaginären Lotte auf ansonsten leerer Bühne.)

Werther: Sie fühlen, müssen fühlen, was ich dulde. Ja, ja, ja, ja,
Sie fühlens, Sie fühlens, ja!
Einen Kuß euch, o einen Kuß euch Lippen aufzudrücken...!
Ich will diese Lippen...
O Seligkeit, o diese Seligkeit...!
Und dann... und dann...? Sünde? Seligkeit! Sünde, Sündigkeit,
Seele! Sündigkeit! Sünde! Seligkeit! Sündseligkeit!
Ich will diese Lippen küssen!

7. Szene

Öde Spätherbst-Landschaft. Heinrich, ein junger Mann, sucht etwas auf dem Boden. Werther sitzt im Vordergrund und beobachtet ihn.

Heinrich:	Ich suche Blumen und finde keine...	*Quintett:*	Das Feld ist kahl, auf fernen Höhen glänzet
Werther:	Das ist auch die Jahreszeit nicht.		der blaue Himmel nur
Heinrich:	Es gibt soviele Blumen! In meinem Garten sind Rosen und Je-länger-je-lieber... zweierlei Sorten. Wie sie wachsen! Ich suche schon zwei Tage danach und kann Sie nicht finden...		und wie die Pfade gehen, erscheint die Natur, als Einerlei, das Wehen ist frisch
Werther:	Was will Er denn mit den Blumen?		
Heinrich:	Ich habe meinem Schatz einen Strauß versprochen.		und die Natur von Helle nur umkränzet.
Werther:	Das ist brav. Wie heißt sie denn?		Der Erde Rund

Heinrich: Wenn mich die Generalstaaten bezahlen wollten, ich wär' ein anderer Mensch! Ja, es war einmal eine Zeit, da mir so wohl war...

Werther: War Er so glücklich?

Heinrich: Ach, ich wollte, ich wär wieder so! Da war mir so wohl, so lustig, so leicht. So wohl, so lustig, so leicht.
(Heinrichs Mutter tritt auf.)

Quintett: ist sichtbar von dem Himmel
den ganzen Tag,
in heller Nacht umgeben,
wenn hoch erscheint von Sternen das Gewimmel,
und geistiger das weit gedehnte Leben.
(Friedrich Hölderlin)

Heinrichs Mutter: Heinrich! Heinrich! Wo steckst du? Komm! Komm nach Haus!

Werther: Wie lange ist er so?

Heinrichs Mutter: So stille ist er nun ein halbes Jahr; dank Gott für diese Ruh'. Ein ganzes Jahr lang raste er im Tollhaus an Ketten... Jetzt tut er niemand nichts...
(Heinrich geht mit seiner Mutter langsam ab.)

Werther: Gott im Himmel! Hast Du das zum Schicksale der Menschen gemacht, daß sie nicht glücklich sind, als bis sie ihren Verstand verlieren?!

8. Szene

Albert steht vor Werther, sein Jagdgewehr so tragend, als wäre es auf ihn gerichtet. Hinter Albert einige Bürger. Stimmung eines kalten Frühwinterabends.

Albert: Es ist ein Mord geschehen!

Bürger: (durcheinander)
Es ist ein Mord geschehen!
Der neue Knecht ... erschlagen!
Die Witwe! Ein Mord in ihrem Hause!
Hierher! Hierher!

Werther: (plötzlich begreifend)
Ich muß zu dir, ich muß dir helfen!
(Werther rennt los, die Bühne wird dunkel.)

Zwischenspiel

Wenn es wieder hell wird, sieht man eine Gruppe von Menschen den Bauernburschen festhalten. Werther stürzt auf ihn zu, versucht ihn zu umarmen.

Werther: Was hast du getan, Unglücklicher?

Bürger: Mörder! Mörder!
(Albert taucht in Begleitung des Amtmannes auf.)

Bauern-bursche:	Keiner wird sie haben! sie wird keinen haben!	*Werther:*	Er ist ein Mörder, er ist krank!
Albert:	Beruhige dich! Fasse dich! Beherrsche dich!	*Amtmann:*	Der Mensch ist ein Mörder!

Bürger: Er ist ein Mörder!

Werther: Ach, ihr vernünftigen, ihr sittlichen Menschen! Wie seid ihr so ganz ohne Teilnahme!

Albert: Wieder deine Grillen! Jetzt ist keine Zeit für Paradox!

Bürger: Ein Mörder steht vor uns, ein Mörder!

Bauernbursche: Kann Lieb so unlieb sein,
kann Lust so schmerzlich sein,
Untreu so herzlich sein?
O Wonn, o Pein!

Frühlings Blumen treu
kommen zurück aufs neu
nicht so der Liebe Glück
ach, es kommt nicht zurück!
(K. v. Günderode)

Werther: Unglücklicher! Bist du nicht ein Tor?
Hast du dich nicht selbst betrogen?

Was soll diese endlose, tobende Leidenschaft?

Albert: Ich begreife nicht?
Wie kann er nur?
Wie kann er nur solch
einen verteidigen?
Einen Meuchelmörder!

Amtmann: Ich kann in dieser Sache nichts tun, als das Gesetz vertreten. Die Verantwortung ist sehr groß.

Werther: O Gott! Mußtest Du, der Du den Menschen arm genug erschufst, ihm auch Brüder zugeben, die ihm das bißchen Vertrauen noch rauben, das er auf dich hat, Alliebender?

(Die Szene wird irreal. Werther identifiziert sich jetzt vollends mit dem Bauernburschen, stürzt sich mit einem Messer auf Albert und sticht immer wieder auf ihn ein. Albert ist plötzlich verschwunden.
Werther bleibt völlig verwirrt mit dem Messer in der Hand zurück. Die anderen Figuren sind statuarisch, wie in einem Traum, scheinbar ohne Bezug zu diesem Geschehen, als sei die Zeit für sie stehengeblieben. Durch diese „Schatten" hindurch erscheint der blutende, aber lächelnde Albert, so, als sei nichts geschehen.)

Albert: Mein Freund...

(Werther stürzt sich erneut auf ihn, der ganze Vorgang wiederholt sich wie in einem quälend-unsinnigen Alptraum. Das Licht wird jetzt wieder heller, und man nimmt wieder alle Personen auf der Bühne wahr, aber immer noch halbwegs in dieser Traumatmosphäre.)

Werther und Bauernbursche: Keiner wird sie haben,
sie wird keinen haben...

Amtmann: Gesetz! Sicherheit!
Ich kann nichts tun.
Verantwortung!

Albert: Paradox! Immer seine
Grillen! Paradox!
Es geht zu weit:

Zwei Bürger: Er ist ein Mörder.
Man muß...
Sicherheit ... Gesetz!

Die übrigen Bürger: (immer unterbrechend)
Er soll hängen! Mörder!
Hängen, hängen!
Da soll er schrein, ja!
Mörder! Mörder!
Meuchelmörder! Ja,
Meuchelmörder!

Albert, Amtmann und zwei Bürger: Der Mörder soll hängen!
Der Mörder soll hängen!
Der Mörder soll hängen!

Die übrigen Bürger: Der Mörder soll hängen!
Ja! Da soll er schrein, ja!
Meuchelmörder!
Ja, hängen!

(Die Bürger schicken sich an, den gefesselten Bauernburschen wegzuzerren. Werther tritt ganz nahe an ihn heran.)

Werther: Wir sind nicht zu retten.

9. Szene

Beim Amtmann zu Hause. Lotte schmückt mit Werthers Hilfe den Weihnachtsbaum. Die Atmosphäre ist gespannt.

Lotte: Sie sollen auch beschert kriegen, wenn Sie recht geschickt sind.

Werther: Und was heißen Sie geschickt sein?
(Verlegene Pause. Albert, der gerade angekommen ist, geht durchs Zimmer. Noch größere Verlegenheit. Albert geht wieder.)

Lotte: Donnerstag abend ist Weihnachtsabend, da kommen die Kinder, mein Vater, da kriegt jeder das Seinige, da kommen Sie auch, aber nicht eher.
(Werther reagiert scheinbar nicht.)

Lotte: (plötzlich sehr ernst und entschlossen)
Ich bitte Sie! Es ist nun einmal so, es kann nicht...
es kann nicht so bleiben!

Werther: (ausdruckslos)
Es kann nicht so bleiben...
(Er geht langsam – ohne sich zu verabschieden – auf die Tür zu. Lotte stürzt ihm nach.)

Lotte: O Werther! Warum denn mich, just mich? Sollte denn in der ganzen Welt kein Mädchen für Sie sein? Mich, warum just mich? Ist es nicht nur die Unmöglichkeit, mich zu besitzen, die Ihnen diesen Wunsch so reizvoll macht?

Werther: (packt sie wütend, schreit ihr ins Gesicht)
Weise! Sehr weise! Hat vielleicht Albert diese Anmerkung gemacht? Politisch! Sehr politisch!
(Er verliert plötzlich alle Kraft.)
Lotte, lassen Sie mir noch ein wenig Ruh', es wird alles werden...

Zwischenspiel

Quintett:
Wo war ich doch, wer war ich doch?
Gefühl voll Angst, ich lebe noch!
Ich dachte schon, ich läg in Ruh
Und Freundeshand, die deckte zu;
(J. M. R. lenz)

Werthers Stimme:
Es ist beschlossen, Lotte,
ich will sterben.

10. Szene

Auf einem Teil der Bühne sitzen Werther und Lotte noch im Dunkeln; Werther liest Lotte aus seiner Ossian-Übersetzung vor, wobei zunächst das Gelesene wie eine Vision erscheint, und im Verlauf die Lesesituation selbst, und damit Lotte und Werther, immer realer werden.

Baß:
Wie geängstet ist meine
Seele, o wie geängstet.
Ich sitze in meinem
Jammer, in meinen Tränen.

Werther:
O wie geängstet ist
meine Seele...
Jammer! mein Jammer!

Alt:
Es ist Nacht. Ich bin allein,
ich höre nicht die Stimme
des Geliebten. Wo bist du,
mein Freund?

Lotte:
... Nacht ... allein ...
ich höre nicht die
Stimme des Geliebten.
Wo bist du?

Alt:
Wer, wer hat dich er-
schlagen? Mein Geliebter?
Erschlagen? O Freund,
warum erschlugst du ihn?

Lotte:
Wer hat dich
erschlagen?
Wer?

Werther:
Warum erschlugst
du ihn?

Tenor:	Leite mich irgend ein Strahl zu schmelzen, zu ergetzen die Seele, zu dem Ort, wo meine Liebe weilt.	*Werther:*	Leit mich, leite mich zu dem Ort, wo meine Liebe weilt.
Baß:	Meine Tränen, meine Tränen! Sterben wirst du, und auf deinem Grabe wird die Trauernde sitzen! Eng ist deine Wohnung, finster deine Stätte!	*Werther und Lotte:*	... meine Träume ... sterben wirst du, und auf deinem Grabe wird die Trauernde sitzen. Auf ihr Winde! Stürmt!
Baß:	Auf! Ihr Winde, auf, stürmt über die finstere Weide! Wandle durch gebrochene Wolken, Mond, zeige dein bleiches Gesicht!	*Werther und Lotte:*	Auf ihr Winde! Stürmt!

(Das Licht ist während der letzten Sätze auf der bisher dunkleren Bühnenseite immer heller geworden und man sieht jetzt Werther Lotte vorlesend.)

Werther:	Warum weckst du mich, Frühlingsluft?	*Quintett:*	Warum weckst du mich, Frühlingsluft?

Werther: Du buhlst und sprichst: Ich betaue mit Tropfen des Himmels! Aber die Zeit meines Welkens ist nahe. Morgen wird der Wanderer kommen, wird mich suchen und wird mich nicht finden.

(Werther kann nicht weiterlesen, er bricht zusammen, wirft sich vor Lotte nieder. Sie, überwältigt von der Situation, drückt seine Hände, die beiden neigen sich einander zu und küssen sich. Dann plötzlich entzieht sich Lotte Werther und eilt zur Tür.)

Lotte: Werther! Das ist das letzte Mal! Sie sehen mich nicht wieder!

Zwischenspiel

11. Szene

Werther alleine mit einem Diener in seinem Zimmer. Ein anderer Teil der Bühne, auf dem sich Lotte und Albert aufhalten, ist noch nicht sichtbar. Werther übergibt dem Diener einen Brief, der geht damit ab.

Werther: (allein)
Zum letzten Male, denn schlage ich diese Augen auf.
Traure, Natur! Dein Sohn naht sich seinem Ende.
Seinem Ende - nein, Lotte, nein - wie kann ich vergehen?
Wie kannst du mir vergehen? Wir *sind* ja! Tot, Lotte!
Eingescharrt der kalten Erde, so eng! so finster!
Vergib mir! Gestern! Zum ersten Male durch mein innig
Innerstes durchglühte mich: sie liebt mich! Sie ist mein!
Du bist mein! Ja, Lotte!
Das wäre denn für diese Welt Sünde, daß ich dich liebe.
Sünde? Gut, und ich strafe mich dafür.
Von diesem Augenblicke bist du mein. Ich geh voraus,
und wenn du kommst, fliege ich dir entgegen und fasse dich
und bleibe bei dir.
Ich träume nicht. Nahe am Grabe wird es mir heller!
Wir werden sein!
(Licht fällt jetzt auf die andere Bühnenseite. Albert und Lotte im Zimmer mit dem Waffenschrank. Albert, schreibend am Stehpult, Lotte in einer Ecke sitzend und unruhig lesend. Es klopft. Werthers Diener tritt ein und übergibt Albert den Brief. Der öffnet ihn und liest vor.)

Albert: Liebster Albert, wollen Sie mir wohl zu einer vorhabenden
Reise Ihre Pistole leihen? Leben Sie recht wohl!
(Lotte merkt auf. Sie ist sehr unruhig geworden und schaut zum Waffenschrank. Albert, der ihre Reaktion nicht zu bemerken scheint, sagt ruhig zu dem Diener.)

Albert: Ich lasse ihm glückliche Reise wünschen.
(Zu Lotte)
Gib ihm die Pistolen.

(Lotte steht auf, Albert arbeitet weiter. Sie zögert, möchte ihrem Mann etwas sagen, er scheint all dies nicht zu bemerken. Lotte geht - unter Zaudern und Blicken zu Albert hin, die nicht erwidert werden - zum Schrank, öffnet ihn, entnimmt ihm zwei Pistolen, betrachtet sie lange in Gedanken verloren und übergibt sie schließlich dem Diener, der sich dankend verneigt und geht. Inzwischen fällt wieder Licht auf Werther.)

Werther: Alles ist so still um mich her, und so ruhig meine Seele.
Ich danke Dir, Gott, der Du diesen letzten Augenblicken diese Wärme, diese Kraft schenkest.
(Der Diener tritt ein, übergibt Werther die Pistolen und verläßt den Raum.)
Sie sind durch deine Hände gegangen. Du, Lotte, reichst mir das Werkzeug.
Lebe wohl, Lotte, lebe wohl!
(Licht aus.)

Zwischenspiel

Man hört einen Schuß fallen.
Landschaftsbild wie zu Beginn des ersten Teils. Ansonsten leere Bühne.

Werthers Stimme: (wie von ferne)
Es ist Tauwetter…